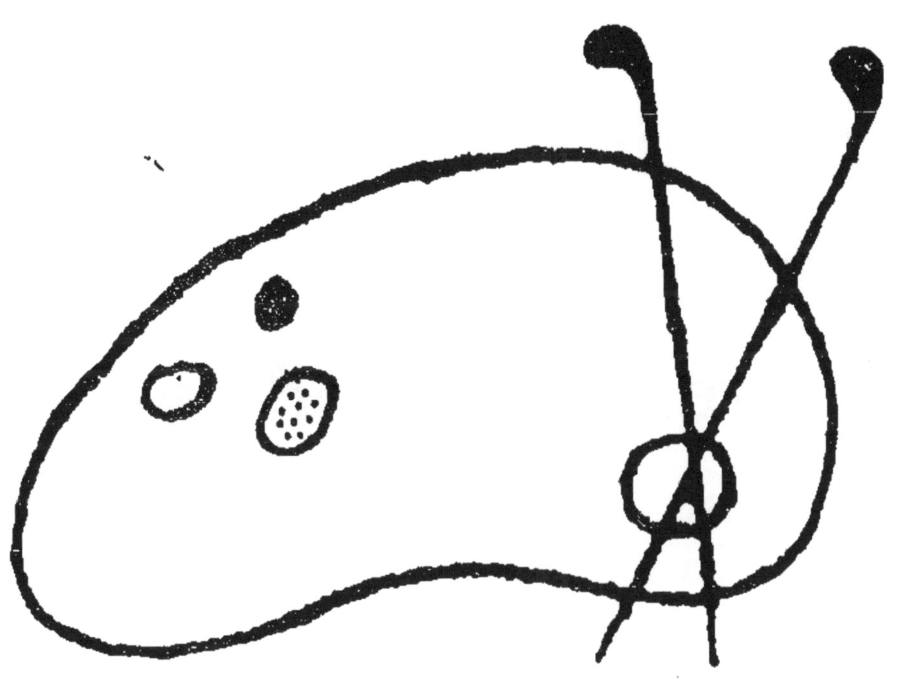

Début d'une série de documents
en couleur

JULES LELOUP

La Police
en marche
vers le Syndicat

Prix : 1 fr. 50

PARIS
LIBRAIRIE P. ROSIER
26, RUE RICHELIEU, 26
—
1910

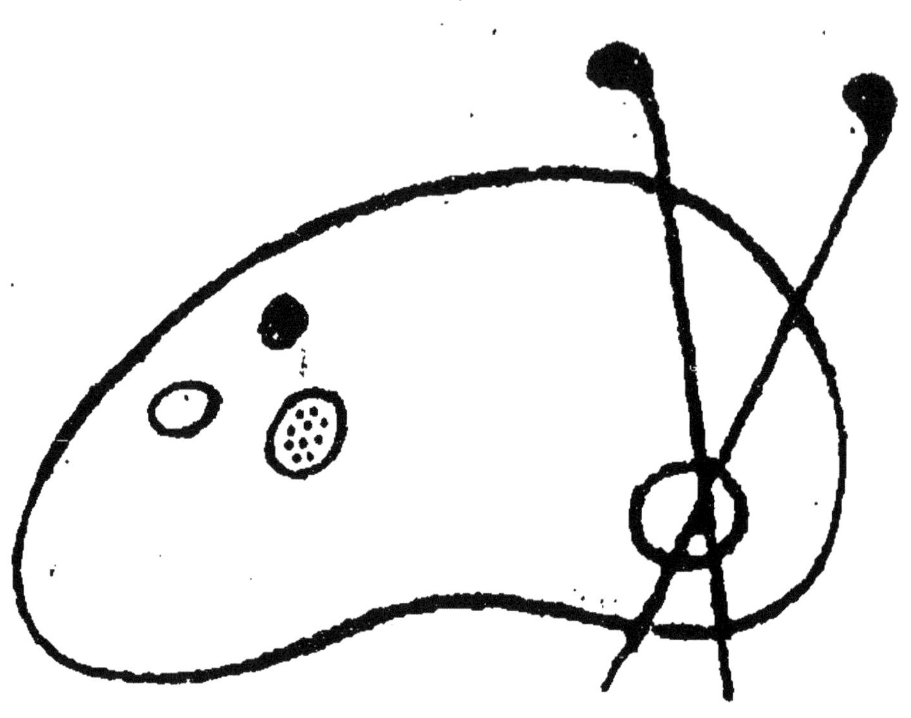

Fin d'une série de documents
en couleur

La Police

en marche

vers le Syndicat

La Police
en marche
vers le Syndicat

PARIS

LIBRAIRIE P. ROSIER

26, RUE RICHELIEU, 26

1910

PRÉFACE

Nous nous sommes efforcé durant le premier semestre 1910 de critiquer par la voix de la presse — sans nous étendre longuement sur les faits, ceux-ci étant les topiques de l'actualité — la méthode de répression du vice suivie en France.

Nous avons, également, succinctement décrit l'organisation de l'instrument de défense sociale actuellement à l'œuvre dans deux grandes nations voisines.

Comme, aujourd'hui, des événements à tendances nettement révolutionnaires viennent de nous montrer combien vite chez nous se développait dans les esprits mal équilibrés la haine à l'égard de l'autorité, et que nous pressentons que la situation, si l'on n'y prend garde, ne tardera pas à s'aggraver encore pour devenir bientôt intolérable, nous avons condensé nos réflexions par la réunion de quelques-uns de nos articles en une brochure que nous présentons à la méditation du nouveau Parlement.

Les progrès de l'hostilité contre la police sont incontestablement dus au ridicule dont on se plaît constamment en haut lieu à couvrir les représentants de la force publique et au désaveu qui leur est systématiquement infligé.

« Les agents sont de braves gens »...... Air connu !

Aussi, depuis le premier des magistrats jusqu'au plus modeste des citoyens, l'on se rit d'eux, sans bien se rendre compte que sans ces « braves gens », il serait impossible de conserver au pays sa vie normale.

Le juge, au tribunal, n'écoute leur témoignage que d'une

*oreille inattentive, n'en tient généralement aucun compte
et acquitte le prévenu pour être agréable à la galerie qui
se gausse, enorgueillir le propagandiste humanitaire qui se
rengorge sous un amoncellement de distinctions honori-
fiques, et se garantir à lui-même le paisible sommeil de la
plus parfaite sécurité.*

*Peu importe si, encouragé par le verdict bénévole, le
lendemain, un apache plante son couteau dans le dos d'un
gardien de la paix, histoire de se faire une réputation
d'homme brave parmi ses congénères ou, simplement,* pour
rigoler :

> « Bah ! les agents sont d' brav's gens,
> « Hardi ! Hardi ! rentrons d' dans ! »

(Refrain des Terreurs.)

*Les lois de pitié sont des lois de sauvegarde quand elles
sont étendues à des êtres foncièrement bons, momentanément égarés, tout prêts à revenir au bien. Mais elles sont
des lois de danger lorsque les bénéficiaires sont des êtres
gangrenés, incapables de comprendre jamais la noblesse et
la puissance régénératrice du travail. Aux yeux de ces
incurables-nés, l'existence ne saurait être assurée autrement que par la rapine..... aux dépens d'autrui. Pour ces
cerveaux estropiés, les lois de clémence révèlent la faiblesse
de la société et sont l'indice certain de la peur que lui ins-
pire leur sinistre personne.*

*Nos « bons juges » ne se donnent pas la peine de diffé-
rencier. Ils appliquent ces lois — admirables conceptions
de la civilisation — généreusement, indistinctement, à
toutes les catégories d'accusés, sans se préoccuper autrement des conséquences désastreuses qu'entraîne leur bien-
veillant aveuglement.*

*Il s'agit cependant de savoir si l'on veut ou non nous
débarrasser des tigres des jungles de barrière au même
titre que des chiens enragés, c'est-à-dire si l'on veut une
police effective ou si l'on n'en veut plus.*

*Si l'on en veut une, nul doute qu'il la faille forte et res-
pectée, — qui veut la fin veut les moyens —. Si l'on n'en
veut plus, — ce que l'on serait tenté de croire, puisque l'on
n'accorde pour cet objet que des subsides insuffisants, —
si l'on veut laisser librement les vampires se ruer à la
curée, il s'impose, au préalable, de licencier les brigades
policières que nous possédons. Il est évidemment inutile
d'exposer plus longtemps la vie de serviteurs loyaux dont
les efforts si dévoués qu'ils soient doivent inexorablement
demeurer sans effet.*

*C'est aux nouveaux détenteurs du pouvoir, aux élus de
la récente consultation nationale, à exprimer énergiquement, sans ambiguité ni tergiversations, ce qu'ils enten-
dent obtenir.*

*Le pays est las de vivre dans l'atmosphère d'inquiétude
où l'ont plongé les ambitions, les rivalités de politiciens
chrysosuges, pour lesquels l'intérêt général n'a jamais été
qu'un prétexte à ponctions sur les caisses du trésor public.*

L'Auteur.

Nota. — Au moment précis où va être imprimée cette brochure,
un dégénéré, comme s'il avait tenu à bien démontrer la justesse
de nos assertions relativement à la volonté formelle des adeptes
du vice d'imposer aux classes laborieuses leur joug par la terreur,
vient (5 juillet), à Saint-Quentin, de poignarder traîtreusement un
agent dans le seul but de venger ! le misérable Liabeuf.

Tel est l'état de rage et de révolte qu'a déchainé en France la
débilité des tribunaux.

J. L.

Le Syndicat des Agents de Police [1]

Dans son numéro du samedi 25 décembre, puis dans celui du 29, le journal *Le Temps* faisait ressortir toute la gravité de la situation qui résulterait de la constitution en syndicat des fonctionnaires entre les mains desquels repose la sécurité publique.

En s'élevant contre la menace de ce nouveau danger social, le grand quotidien s'est fait le porte-parole de tous les citoyens clairvoyants, et sa voix puissante mérite d'être écoutée en haut lieu.

Cependant, tout en souhaitant que les échos s'émeuvent à ce cri d'alarme nous voudrions voir juger le geste des humbles représentants de l'autorité avec toute la bienveillance à laquelle ont droit ces patients esclaves du devoir.

De tous les fonctionnaires aspirant aux bienfaits! de la coalition, les agents de police, à l'heure présente, sont ceux qui seraient les plus autorisés à cette prétention.

Les postiers, les cheminots, par exemple, par leurs revendications, cherchent simplement à grossir leurs salaires et faire équitablement réglementer leurs heures de travail. Les agents, outre le même intérêt financier et une atténuation de leur pénible labeur, ont quelque chose d'infiniment plus précieux encore à sauvegarder : leur droit à la vie..... dont le département de la Justice semble bien peu se soucier.

---

(1) Cet article écrit en fin 1909 à la suite de multiples attentats contre les gardiens de la paix fut publié par la *Voix de la Police* du 15 janvier 1910 immédiatement après l'effroyable tuerie de la rue Aubry-le-Boucher (8 janvier). Les armes terribles et hypocrites (couteau, revolver, brassards de cuir garnis de pointes) du cordonnier Liabeuf, en frappant à mort l'agent Deray et en blessant grièvement les agents Fournes, Boulot et Vaudon, avaient ému la presse et un cri de réprobation s'élevait alors de toutes parts. Ce cri vient d'avoir son écho. La tête du tueur d'agents est tombée le 1er juillet sous le couperet de la guillotine.

Beaucoup de gardiens de la paix sont mariés et pères. Ils ont une famille qu'ils aiment et appréhendent de voir souffrir. Ce sont des hommes et non d'insensibles instruments. Or, lorsque ces braves, après de longues heures de veille, après avoir subi sans murmurer toutes les intempéries d'un plein air trop souvent inclément, arrivent à capturer, au risque de leur existence, quelque malandrin, quelque coupebourse, quelque souteneur surpris en « plein travail » ; lorsque, justement fiers du service qu'ils viennent de rendre à la société, ils attendent l'approbation de leur acte sous forme d'un châtiment exemplaire infligé à leur prise, qu'elle n'est pas leur stupéfaction en apprenant les trois quarts du temps, l'acquittement du prévenu ou sa condamnation à une peine dérisoire.

Sitôt l'élargissement du « chevalier de l'eustache », l'agent se sait guetté. Un jour ou l'autre il sera lâchement assailli par l'apache et sa bande : vingt contre un. Il est en butte à la vengeance de ces parasites dont il a gêné — non pas entravé, puisque le tribunal protecteur est intervenu pour relaxer l'aigrefin — les mystérieuses opérations.

L'agent supporte stoïquement cet état de choses, mais ses proches ne vivent plus que dans l'inquiétude : ils savent que rien ne retiendra le bandit puisque la punition n'intervient plus.

Et, devant tout ce qu'à de révoltant la conduite de ces magistrats qui, assoupis dans la tiède atmosphère des chambres correctionnelles et le moelleux d'un fauteuil douillet, s'occupent bien plutôt d'assurer leur avancement et leur tranquillité en se confectionnant une auréole de « bon juge » que de s'acquitter en toute conscience de la mission répressive, sauvegarde de l'ordre social, qui leur est confiée, l'on s'étonnera que les hommes exposés aux mille dangers : maladies, blessures, mort, de l'œuvre épuratrice, se lassent.

L'on s'étonnera que devant l'inanité de leurs efforts, ces héros obscurs qui, chaque jour, chaque nuit, s'attendent à voir l'un d'entre eux, frappé de la balle ou du poignard de l'assassin, vider son sang sur le pavé de la rue, songent à se défendre contre la société qu'ils ne cessent de protéger.

Ah ! ce qu'il y a de plus étonnant, c'est qu'ils aient attendu jusqu'à ce jour pour s'éveiller. Jules Leloup.

Gardons la vie de nos Agents [1]

Dans la nuit du 20 février courant, vers 11 heures, rue Aubry-le-Boucher, deux gardiens de la paix, Henri Février (2) et Félix Bouget, procédaient à l'arrestation d'un malfaiteur.

A ce moment, quatre bandits, ayant reconnu l'agent Février dont nous avons tous encore présent à la mémoire l'acte héroïque récemment accompli dans cette même rue, s'élancèrent, couteaux levés, au cri de : Vengeons Liabeuf ! Vengeons Liabeuf ! sur les deux braves qui faisaient leur devoir.

L'agent Bouget, renversé par la trombe humaine, roula à terre. L'agent Février entouré, allait-être « exécuté ».

Par bonheur, deux collègues en bourgeois, attirés par les vociférations de la ruée hurlante, qui, déjà, autour de la victime, dansait la danse du scalp, surgirent inopinément. Février était sauvé !

Tout d'abord, bénissons la providentielle intervention des dévoués camarades. Félicitons, ensuite, le serviteur qui nous est cher d'avoir aussi miraculeusement échappé aux coups des assassins. Mais, élevons-nous contre le manque de prévoyance qui oblige des agents, que l'on sait être en butte à la vindicte du crime, à demeurer exposés, comme des objets de sacrifice, dans l'attente de l'heure où se consumera leur inévitable extermination.

Il serait pourtant bien facile d'éloigner sans bruit ces hommes dont les jours sont mis à prix par la crapule, ces héros, pour la mort desquels de superbes ! reines de trottoir, tendres hétaïres illusionnées de leurs charmes prestigieux, engagent, parfois, leurs subjuguantes faveurs !

---

(1) Paru dans la *Voix de la Police* du 1er mars 1910.
(2) Henri Février est le courageux agent qui, rue Aubry-le-Boucher, en sabrant l'énergumène Liabeuf, empêcha celui-ci d'ajouter au nombre de ses victimes.

Tous les quartiers excentriques possèdent de ces « ennemis » de l'armée du mal plus particulièrement voués à la haine de l'apache.

Les offres de permutations trouveraient donc aisément leur contre-partie.

Il n'en coûterait à l'administration que quelques indemnités de déplacement et elle conserverait des existences infiniment précieuses.

La société, malgré son insouciance coupable, aurait encore à cœur, espérons-le du moins, si on le lui demandait, de consentir les moyens d'assurer cette sauvegarde nécessaire en attendant que les prélats de sa justice ! ses « bons juges ! » — bons à quoi ? l'on se le demande — veuillent bien s'émouvoir de la recrudescence de la criminalité.

Jules Leloup.

Un bon exemple[1]

Des Justiciers à rémunérer

Lettre ouverte
aux prélats de la vieille Thémis.

Messieurs les juges débonnaires,

Les riverains de la Basse-Marne et de la Haute-Seine viennent, ce nous semble, de vous donner une magistrale leçon — leçon pour magistrats cela s'entend — et il serait à souhaiter pour le peuple qui vous entretient qu'elle profitât.

Des apaches pillards, dont la lâcheté devant la force n'a d'égale que l'audace devant la faiblesse, ont voulu montrer clairement ce que pouvaient imaginer des cerveaux de gredins. Ils avaient pris à tâche de transformer en désastre épouvantable un malheur hélas ! déjà trop grand.

Ils escomptaient votre mansuétude ordinaire. Nul risque avec vous ! Au pis aller quelques heures de séjour réconfortant dans de délicieuses bonbonnières bien chauffées... et le butin en perspective valait « le coup » !

Malheureusement pour eux ! heureusement pour les honnêtes gens ! les alléchantes prévisions de ces écumeurs d'eau trouble furent déçues.

Les populations de la banlieue, depuis longtemps accoutumées aux litanies de vos sentences anodines, ont compris devant le danger immédiat qui les menaçait, que ce n'était pas de votre ministère qu'elles recevraient aide et protection. Elles savent — et comment ! — qu'elles sont à vos yeux justes bonnes à fournir les deniers vous permettant de bien vivre en même temps que d'acquérir quelques charmantes propriétés

[1] Article suggéré par l'admirable conduite des riverains sauveteurs de la Seine et de la Marne lors des inondations de janvier-février derniers. Extrait du *Journal de la Seine* du 6 mars 1910.

pour dépenser agréablement les nombreuses heures de loisir
que vous laisse l'exercice d'un peu troublant sacerdoce.

Elles ont donc décidé de se dispenser momentanément de
vos services réellement inefficaces.

Elles prirent, pour ce faire, la résolution d'agir prompte-
ment et énergiquement suivant leur propre intuition.

Les pillards, par elles-mêmes, furent pourchassés, traqués,
empoignés, jugés, exécutés, dès le début de leur apparition.

Certaines unités du sinistre lot furent pendues haut et
court ; d'autres furent trouées à coups de gaffes ; d'autres
coulées dans le fleuve mugissant ; d'autres, enfin, reçurent du
plomb.

Le résultat fut merveilleux !

Les malandrins n'ayant plus en face de leur infâme gueu-
serie, le faciès luxuriant et jovial du « bon juge » opulent,
siégeant après un copieux et fin balthazar, mais l'inflexible
volonté de citoyens intègres simplement animés d'un sen-
timent de devoir, ont déserté, provisoirement tout au moins,
un métier devenu dangereux.

Ils ont compris qu'il était prudent d'attendre, avec le retour
du fleuve à son lit, les jours heureux du règne absolu de votre
bienveillante autorité.

Mais, ô ministres du Culte de la clémence ! toute peine mérite salaire — vous ne l'ignorez pas vous qui encaissez régulièrement de fortes sommes pour assurer le mijotement d'affaires longuement pendantes dans le sanctuaire des greffes —
et les bougres poilus qui vous ont avantageusement rempla-
cés ont bien droit à quelque chose.

C'est, nous en sommes certain, aussi votre avis.

Nous pensons donc aller au devant de vos intentions en
proposant à votre bonté, déjà si grande pour les bandits, de
s'intéresser à ceux qui se sont révélés vos suppléants occa-
sionnels et habiles, en vous demandant, ainsi qu'au bourreau,
de bien vouloir abandonner aux sinistrés de la banlieue pari-
sienne vos appointements d'un mois, de février 1910 par
exemple.

Cette libéralité serait on ne peut plus légitime.

Songez donc, Pontifes bienheureux, que ces braves gens
ont fait en *huit jours*, sur l'esprit de l'armée du vol, plus
d'impression que tous vos « prononcés » à la mie de pain et à

l'eau de rose en bien des années. Ils ont subitement arrêté l'expansion d'un mal que vous entretenez par votre bonhomie cachectique et entêtée comme si vous craigniez que son évanouissement ne fît, par contre-coup, disparaître à jamais vos grasses sinécures (1).

Jules Leloup.

----

(1) Nous n'avons pas encore ouï que les « bons juges » aient donné suite à notre proposition d'abandonner collectivement une mensualité au profit des malheureux sinistrés (juillet 1910).

Faillite de la " Lithotritie " légale [1]

Nous nous rappelons tous le discours prononcé à la Sorbonne, le 3 décembre 1906, par M. Clémenceau, à l'occasion de l'assemblée générale de l'Association Amicale et de Prévoyance de la Préfecture de Police.

Entre autres excellentes choses dites avec beaucoup d'humour, par le ministre de l'Intérieur, qui, toujours bon enfant, s'avouait très flatté d'être le chef des « flics » dont il avait hâte d'être connu autrement que par sa circulaire sur le légendaire « passage à tabac », nous avons entendu jeter le dilemme suivant retenu à notre esprit par sa vaste signification et sa haute portée :

« Il ne peut y avoir que deux sortes de gouvernement : le
« gouvernement d'un seul, gouvernement du caprice, ou le
« gouvernement du pays par ses représentants. Ce dernier
« est le nôtre, et le devoir des représentants du pays est de
« contrôler l'application que l'on fait de la loi. C'est ce qui a
« permis d'introduire le droit dans la loi. »

Certes, voici de belles paroles, bien tournées, qui ont amorcé d'autres phrases admirables où il était dit toute la grandeur des fonctions des modestes agents, toute la nécessité, pour une société civilisée, de posséder ces soutiens de l'ordre légal, et, aussi, toute l'admiration dont ces fonctionnaires étaient l'objet de la part des honnêtes gens. Et le ministre, après avoir éloquemment fait l'éloge de la police judiciaire, terminait en déclarant aux membres actifs de cette institution :

« Vous êtes de bons serviteurs de la République. Soyez et
« *soyons* de bons citoyens. »

Or, les derniers mots de M. Clémenceau démontraient

---

(1) Extrait de la *Voix de la Police* du 15 mars 1910.

surabondamment que les paroles ministérielles n'avaient pas été exclusivement prononcées pour indiquer aux agents seuls la ligne de conduite à tenir. Le chef suprême savait fort bien que les fidèles subordonnés qu'il avait devant lui, ne s'étant jamais écartés du devoir, n'avaient nul besoin de ses pressantes recommandations. Adressées aux gardiens de la paix, les exhortations allaient bien plutôt avertir d'autres rouages de l'immense machine inventée pour désagréger le vice — ce *calcul* excrémentitiel de l'humanité — le réduire, en désespoir de le faire disparaître jamais, tout au moins à l'innocuité.

La police, sachons-le bien, n'est qu'un élément de la gigantesque pulvérisatrice interne spéciale qui s'appelle la « Justice ». C'en est seulement la pourvoyeuse. Sa mission, quoique non dépourvue d'importance, puisque c'est elle qui assure l'alimentation des « lithotriteurs légaux », n'a pas cependant la décisive effectivité de ces organes supérieurs de broyage. C'est dans les carters des tribunaux que se meuvent les pilons de concassage, les hérissons détriteurs, les platines de porphyrisation qui, réellement, égrugent la matière impure.

La police, si intelligemment, si énergiquement conduite soit-elle, est impuissante, à elle seule, à débarrasser la société de ses scories. Elle les recherche et les présente simplement à la meule. Il faut pour atteindre le résultat désiré, l'écrasement des particules morbides, que les organes subséquents — les organes justiciers — évoluent avec elle en concordance, suivant un rythme déterminé par les lois immuables de la mécanique de l'ordre et de l'harmonie constitutionnelle. Le moindre jeu dans les contacts, la moindre dérogation dans les vitesses d'entraînement, la moindre atténuation dans les forces nécessaires, suffit à faire cornailler les axes, haleter les transmissions, et les déchets sociaux passent, alors, indemnes, entre les mâchoires vainement agitées d'un outil défaillant.

Celui-ci dans d'aussi défectueuses conditions de fonctionnement ne saurait tarder, non seulement à se révéler tout à fait inutile, mais, encore, prêt à créer un nouveau danger par sa détérioration rapide, sa dislocation inévitable.

Sous les à-coups répétés d'une allure irrégulière les cisailles s'édenteraient et les pièces mouvantes de la machine détraquée sonneraient bientôt le glas de la mort.

Voilà ce qu'en 1906, entrevoyait, peut-être à son insu, M. Clémenceau ; et c'est cette décrépitude prématurée, dont il avait la secrète intuition, qu'instinctivement il cherchait à enrayer en évoquant le spectre du *gouvernement du caprice*, en invitant tacitement, les représentants du pays à un *préventif contrôle de l'application de la loi*. Il parlait à des humbles, habitués à obéir, mais ces accents aspiraient surtout à être entendus et compris des intelligences cultivées constituant l'organe essentiel, souverain, à qui, réellement, incombe la destruction des formations résiduelles sociales nocives.

Il paraît que cet organe intellectuel exécutif est fort impressionnable, capricieux à l'extrême, qu'il ne faut y toucher qu'avec précaution pour ne pas en éveiller l'excessive irritabilité...

L'exquise délicatesse de M. Clémenceau ne l'émut cependant point. Pour certains juges le Code n'en continua pas moins à n'être qu'un impedimentum superflu, et la loi, l'accessoire suranné auquel ils avaient cru bon de substituer leur libre arbitre.

C'est bien là, ce nous semble, la mise en pratique du *gouvernement du caprice*, qui permet à quelques-uns de se tailler, en inobservant les principes devant lesquels nous devons tous nous incliner, une réputation d'hommes bienveillants, de moralisateurs ! etc., etc... au détriment de la sécurité publique.

La conséquence de cet éréthisme judiciaire, — nouvelle maladie, dénommée le *sentimentalisme*, qui produit l'extase admiratrice devant les criminels — à l'époque du discours de M. Clémenceau s'annonçait déjà par de fâcheux prodromes.

M. Hennion, commissaire principal de la sûreté, présidant l'assemblée générale de l'Association Amicale et de prévoyance des commissaires de police de France et de Tunisie, le 24 décembre 1906, prenait le soin de nous donner à ce moment, par un rapprochement éloquent, une preuve indéniable de l'existence de l'affection.

En 1898, rapportait M. Hennion, le nombre des détenus était de 43,448 ; en 1905, bien que la criminalité ait augmenté entre ces deux années dans de grandes proportions, il n'était plus que de 23,393. Cette constatation démontrait que l'on condamnait déjà beaucoup moins en 1905 qu'en 1898. L'orateur révélait ensuite que si l'année 1896 avait laissé 87,033 affaires criminelles ou correctionnelles dont les auteurs étaient restés inconnus, l'année 1904 — il n'avait pas les chiffres de 1905 — n'en comptait pas moins de 103.419. Soit une plus-value — intéressante pour la canaille — de 16,386 cas forcément impunis.

Depuis, ce nombre a été consciencieusement augmenté. Chaque année établit un record nouveau défiant l'avenir. Plus de cent mille assassins, voleurs ou délinquants quelconques, chaque douze mois, glissent entre les doigts de la police.

Si, à ce nombre, nous ajoutons les dizaines de milliers de vauriens qui, parmi ceux présentés par cette même police aux équipes du *broyage officiel*, échappent régulièrement à la préhension par les trismes incohérents de tenailles inhabiles s'exténuant dans un hiement perpétuel inconscient, non inoffensif toutefois pour les classes laborieuses, nous jugerons de l'importance colossale du péril que constitue aujourd'hui cette imposante masse de racaille qui, librement, infeste nos rues, gêne les travailleurs, entrave la prospérité de tous.

Où cela s'arrêtera-t-il et comment ? *That is the question !*

Tout ayant une fin, nous pouvons prédire que ce règne de l'arbitraire s'éteindra. C'est certain. Il serait seulement à souhaiter que ce fut le plus tôt possible... et pacifiquement.

Puisque le devoir des représentants du pays est de contrôler l'application que l'on fait de la loi, souhaitons qu'un jour ces représentants voudront bien rappeler Messieurs les « bons juges », les « bons juges » à la sourde oreille, les « bons juges » aux yeux bandés, à leur véritable mission, à la stricte interprétation des lois qu'ils ont à faire respecter et *à respecter eux-mêmes*, ne serait-ce qu'à titre d'exemple.

Que les élus du suffrage universel veuillent bien considérer que la police judiciaire souffre cruellement de la mansuétude incompréhensible dont s'affuble depuis quelques années la magistrature ; qu'ils veuillent bien se convaincre que les agents qui ont à cœur d'épurer la société s'affligent de voir constamment leurs efforts frappés de stérilité par l'indifférence obstinée de leurs distingués collaborateurs, indifférence grandissant chaque jour la difficulté, les dangers d'un labeur déjà trop pénible.

Que nos députés, nos sénateurs n'oublient pas que ce sont

les agents qui sont à la peine ; que ce sont eux *seuls* qui courent tous les risques, tous les périls de l'œuvre commune, et que ce sont eux, aussi, dont on écoute le moins les justes revendications,

S'il est dans le mécanisme justicier prédominant des rouages usés, rongés, fourbus, ruinés, qu'on les remplace par d'autres en état de faire correctement la besogne. Les intérêts personnels doivent être méconnus devant celui de l'ensemble des citoyens de la République, devant le devoir qui s'impose à tous de concourir à la sécurité de ceux qui nous protègent, de faciliter la tâche des plus dévoués auxiliaires de l'armée de l'ordre : les gardiens de la paix.

Jules LELOUP.

Les deux Justices [1]

Le serrurier Coquillart, en vertu d'une sentence du tribunal des apaches, vient d'être executé en pleine rue.

Le pillard des inondés, Yves Godet, en vertu de la loi de sursis, vient d'être rendu à la liberté.

Que les honnêtes citoyens, estomaqués par l'audace grandissante des grinches, se rassérènent en se disant que tout sur la branloire pérenne, est relatif; que tout dépend du point de vue auquel on se place pour comtempler la scène où chacun de nous joue, malgré lui son petit rôle, et où chacun pense qu'il est juste que ce soit son portemonnaie qui s'emplisse plutôt que celui du voisin.

Il n'y a donc rien d'étonnant à ce qu'il y ait deux justices : la justice des honnêtes gens et la justice de la crapule.

Evidemment, elles ne sont parfaites ni l'une ni l'autre ; elles sont même boîteuses, très boîteuses, toutes les deux. Mais, cependant, si nous avions à prononcer sur leurs mérites respectifs, la seconde pour nous, l'emporterait haut la main sur la première.

La première coûte à l'association des probes travailleurs des millions et des millions,... pour ne rien faire. La seconde ne coûte absolument rien à l'association des escarpes... pour accomplir beaucoup de besogne.

La première s'ingénie à créer des tracas, des vexations. aux innocents paisibles — dont elle n'a rien à redouter — qui sans désemparer, coltinent pour assurer à leurs familles la boule de son quotidienne, mais elle considère avec une déférence respectueuse, comme embuée d'une sage retenue, les adeptes de la compagnie adverse. La seconde, par oppposition de

---

(1) Extrait de la *Voix de la Police* du 1ᵉʳ avril 1910.

principes ne transige avec personne, la peine de mort sanctionne chacun des articles de son code.

Ces deux manières de voir proviennent assurément des conséquences différentes résultant des condamnations prononcées par les deux magistratures.

La peine anodine suit toujours très édulcorée la sentence de de la première justice. La mort sans phrase, celle de la seconde.

Si donc, on réfléchit un tantinet aux dégâts que produirait incontestablement une lame de 30 centimètres, solidement emmanchée au bras d'un souteneur du Sébasto ou du Montparno, qui fourgonnerait la panse d'un « bon juge » bien replet, l'on demeurera stupéfié devant une terrifiante vision de cavernes insondables, de cratères fantastiques, aisément ouverts dans des masses profusément adipeuses de chairs tendres.

Cette horrifiante perspective, on le comprendra, n'est pas faite pour encourager à sévir contre une clientèle que l'on ne sait réellement pas par quel bout prendre tant elle est hérissée de pointes — une clientèle d'oursins et de porcs-épics — et *nous devons savoir gré à nos excellents magistrats de ne pas trop s'exposer par des jugements dangereux à se faire ravir des existences si chères aux contribuables.*

De plus, de temps à autre, la voyoucratie a son utilité. L'on peut compter sur elle aux heures de grèves, lors de manifestations publiques, pour corser les événements, peser sur les esprits indécis, par l'accomplissement de déprédations que l'ouvrier honnête luttant seulement pour l'amélioration de son sort ne se laisserait jamais aller à commettre.

Pour ces motifs, d'aucuns pensent qu'il y a lieu de ménager la canaille, même de l'entretenir.

Cependant, nous devons avouer que d'autres, non seulement réclament la *suppression de la pégre*, mais, encore, s'efforcent de l'obtenir. Ces citoyens qui ont le triple airain au cœur, ces *durs à cuire* dont la musculature résistante et le courage éprouvé ne permettent pas à l'esprit de s'effarer devant l'aléa de la perforation, ce sont nos gardiens de la paix.

Ces braves pensent qu'ils ont été institués pour défendre la société, c'est à dire pour travailler à la destruction du banditisme, et, jusqu'à ce jour, ils croyaient aussi que si la « justice des apaches » avait été créée pour protéger les

actifs chevaliers de l'eustache, la « justice des honnêtes gens »
l'avait été en vue d'une réalisation tout à fait opposée.

Mais, maintenant, en présence de l'outrecuidance tolérée de
la canaille, en présence de la bienveillance que les magistrat
témoignent aux scélérats, les agents se demandent s'ils se
sont trompés, et si, dans les rêves riant des somnolences
de prétoires, dans les hallucinations où s'apothéosent les
sièges bien rétribués, ils ne sont plus considérés que comme
de simples amas de *chair à couteau*, tampons vivants destinés
à couvrir d'un protecteur placide, pour la soustraire à l'ardeur
de rayons trop cuisants, la gloire blafarde des « bons sen-
tenciers ».

Jules LELOUP.

Il y a relâche ![1]

Depuis longtemps nous nous doutions un peu que les régisseurs des *Folies judiciaires*, laborieusement appliqués à s'éponger le front, n'entendaient plus imposer à leur conscience le moindre effort.

Aujourd'hui, nous avons acquis la certitude que cette résolution avait bien été prise, et qu'elle l'avait été à la presque unanimité des intéressés.

En effet, un rapport, récemment élaboré par une certaine commission sénatoriale, vient de nous apprendre qu'il y a grande relâche dans les postcéniums des sanctuaires de Thémis (2).

L'on nous a appris, du haut de la chaire de la docte assemblée, que la plupart des établissements pénitentiaires de France, demeurent, pendant une bonne partie de l'année, vides ou à peu près.

Qu'habituellement, une centaine d'entre eux — rien que cela — ne possèdent pas dix détenus ; qu'ils n'en ont, le plus souvent, que deux ou trois; parfois, même pas du tout.

Voilà qui est clair !

Donc, si les « *bons juges* » s'abstiennent de condamner ce n'est évidemment pas faute de place pour abriter la clientèle amenée chaque jour devant eux. Les magistrats ne peuvent plus insinuer que s'ils appliquent la loi de sursis à tout bout de sentence s'ils laissent vaquer librement les escarpes à leurs affaires — ce qui ne fait pas les nôtres — c'est dans l'impé-

---

(1) Paru dans la *Voix de la Police* du 15 avril 1910.

(2) La Commission sénatoriale récemment chargée d'examiner le bien fondé d'un vote de crédits accordés par la Chambre des députés pour permettre la nomination de deux cent soixante gardiens de prison destinés à assurer l'application à cette catégorie de fonctionnaires de la loi sur le repos hebdomadaire, s'appuya sur le nombre réduit des détenus pour se prononcer contre l'adoption des mesures proposées.

rieuse nécessité d'établir des tours d'admission en attendant des disponibilités parmi les locaux luxueux débonnairement entretenus à l'intention des voleurs — aux frais des contribuables — par la mansuétude administrative.

Il faut bien convenir à présent que ce n'est pas l'affluence des condamnés qui fait refuser du monde aux maisons de détention. Que ce n'est pas davantage à la demande de celles-ci que l'indulgence est prostituée.

Bien au contraire, les fonctionnaires, préposés aux divers services des géôles, réclament du travail. Ils se plaignent de l'inaction, et seraient heureux, aussi par humanité, de voir ajouter au nombre des pensionnaires confiés à leurs soins.

Nul ne se refusera à reconnaître, en effet, que là, où il n'y a que deux ou trois détenus, le sort des malheureux prisonniers est vraiment digne de pitié. Les coupe-bourses, incarcérées en effectif trop restreint, se trouvant dans l'impossibilité de compter le quatrième à la traditionnelle manille, se morfondent et dépérissent à vue d'œil.

Cette conséquence inattendue de la candeur des tribunaux demande à être envisagée sérieusement et d'urgence. Il y aurait sur ce point, éminemment intéressant pour la conservation de l'espèce sanguinaire du bipède anthropomorphe scientifiquement dénommé « *l'apachus tranchanus marmitum* (1) », large place pour une initiative généreuse. Celle-ci. indubitablement, assurerait à son auteur l'immortalité sertie dans le nimbe du « *bon législateur* ».

En présence d'un aveu aussi sincère nous ne nous étonnerons plus d'avoir constamment sur le dos l'armée permanente des cent mille bandits que nous savons consciencieusement occupés du 1ᵉʳ janvier au 31 décembre, à nous mettre en coupe réglée. Nous sommes fixés. Résignons nous. Sachons que nous avons à vivre en cette triste compagnie.

Autrefois, l'on pensait qu'il valait mieux pour la société que le stock crapuleux fut utilisé, en lieu clos, à la fabrication des chaussons de lisières. Mais, aujourd'hui, l'omnipotente justice dont nous a gratifié le vingtième siècle, en ayant décidé autrement, il ne nous reste qu'à subir cette imposition d'un nouveau genre.

---

(1) Variété homme-marmite.

D'ailleurs, il semble que nous soyons maintenant tout à fait habitués à la présence des parasites. Depuis des années, l'impôt « *extraordinaire* » qu'ils prélèvent, se reporte, d'exercice en exercice, parallèlement au budget et aux douzièmes provisoires, simplement par tacite reconduction, avec l'accentuation régulière accompagnant les charges officielles multiples et variées que nous infligent avec ardeur et zèle nos estimables parlementaires.

La redevance à la pègre est définitivement consacrée par l'usage.

Nos concitoyens l'acceptant, nous ne récriminerons pas. Nous avons le culte des préjugés d'autrui. Et puis, nous nous disons que si le nouvel état de choses, si désagréable qu'il puisse nous paraître par moment, s'est établi, c'est qu'il recèle sans doute quelque utilité qui nous échappe. Beaucoup de gens, par exemple, ont d'excellentes raisons pour aimer à être battus — les vieux juges ne l'ignorent pas — et nous serions mal venu de contrarier les préférences.

Nous admettrons donc, comme tous, que nous devons cohabiter avec les apaches, que cette promiscuité malsaine était déjà devenue nécessaire, avant que d'être rendue obligatoire.

Soit ! — Mais à présent, qu'allons-nous faire de ce que l'on appelle communément la « *justice* » ? — La voilà, cette justice à peu près devenue inutile ! — puisqu'elle a voulu que les honnêtes gens composent avec la fripouille, elle doit, par contre-coup, disparaître. C'est inéluctable.

Eh bien, le suicide étant consommé, nous proposons de conserver seulement quelques magistrats chicaniers pour connaître des querelles contribuant à alimenter le trésor public, querelles dont ne peut se passer un grand peuple jaloux de sa réputation dans le monde civilisé ; puis d'envoyer à tous les diables le reste des gens de robe.

Conséquence fantastique !

Économie immédiate de 25 millions de francs, au bas mot, sur les 38 millions happés annuellement par le « *bon département* » sur le labeur de 38 millions de Français !

Répercussion merveilleuse !

Nos édilités, si bien disposées en faveur des agents de police, en faveur des braves qui, désormais, seuls, restent en face de la canaille pour contenir son intrusion, suscitée par la décadence de la toge, dans l'engrenage social, aux limites de l'entente, pourront enfin verser des deux mains, sur nos serviteurs actifs et intelligents, les gardiens de la paix, les témoignages de reconnaissance dus à leur dévouement, dus à leur abnégation.

La France aime ses agents. Les Conseils municipaux, la première émanation de la volonté nationale, ne cessent d'aspirer à donner une forme tangible aux intentions populaires.

Nous avons vu dans le dernier numéro de la *Voix de la Police* que le Conseil municipal de Paris avait formulé une proposition très ingénieuse qui lui permettrait de disposer, si elle était acceptée, d'un supplément de 707,500 francs pour améliorer la situation si précaire des gardiens de la paix.

Nous savons que ce même Conseil s'occupe très activement auprès du Comité de patronage de l'École Dorian pour faire admettre dans cet établissement le fils du malheureux Deray.

Le préfet a demandé au Conseil général de la Seine d'étendre aux agents de la banlieue l'allocation familiale de 50 francs accordée aux agents parisiens.

Les congés annuels, ainsi que les permissions mensuelles, viennent d'être quelque peu augmentés.

De tout côté, il est manifeste qu'il n'y a que bonne volonté pour faire aboutir les desiderata encore en suspens, pour arriver à la satisfaction des justes revendications des plus précieuses unités de l'armée de l'ordre.

Le « *bon juge* » est l'obstacle que rencontre l'équitable réalisation.

Le « *bon juge* » absorbe « *pour nuire* » les ressources appartenant de droit aux fonctionnaires utiles.

Supprimé, le « *bon juge* » n'entraverait plus l'essor du bien. La société, vigoureusement défendue par la poigne solide de ses agents de police, redeviendrait forte et saine, pendant que nous assisterions, pour la première fois depuis des temps, au spectacle, inouï pour notre époque, de la récompense allant au vrai mérite.

Jules Leloup.

Ingratitude... ? Non [1]

Ça y est ! Tout le monde va se figurer que la nature nous a doué du don de prophétie.

Déjà, nous avons eu la visite de naïfs, accourus pour nous affirmer que nous possédions la double vue.

Ces êtres candides nous suppliaient d'intéresser, ne fut-ce qu'un instant, à une application pratique, les merveilleuses qualités qu'ils nous supposaient. Et, ce disant, ils nous tendaient, en même temps qu'un crayon, les programmes d'épreuves à disputer sur tel et tel hippodromes, nous demandant, les larmes aux yeux, d'y pointer les coursiers gagnants.

Nous devions, sans risque, bien entendu, palper la moitié du bénéfice, évidemment colossal, que notre indication ferait réaliser.

Comme nous nous défendions de détenir autant d'acuité surnaturelle, les convaincus benoîts exclamaient véhéments : « Comment ! vous refusez. Vous, qui *à* livre ouvert lisez l'avenir ! Ce n'est pas sérieux. Voyons, n'avanciez-vous pas, l'autre jour, dans *La Voix de la Police* — celle du 1er avril — dans *Les Deux Justices* — que le métier de *sentencier*, de plus en plus, s'hérissait de sinistres aléas ? — Vous nous peigniez alors l'agonie des robes percées dans de douloureux embrassements spinifères. — Et voilà que l'événement pronostiqué s'est réalisé !... Deux fois sept jours, depuis la fatale prédiction, ne s'étaient pas encore comptés, que les échos du palais, avec fracas retentissaient de détonations assassines !...

C'est vrai ! — Quatre coups de revolver ont été tirés. Un *anarcho*, vieux client de la *tour pointue*, a fait feu sur les panneaux de chêne d'une chambre au moment où le président commandait : repos.

Le *boucan* fut considérable, les cartouches pétaradantes contenant énormément de poudre.

Les assises de la magistrature sursautèrent visiblement.

Le personnel des greffes est encore frémissant et les juges ne pénètrent plus dans les salles d'audience que blindés.

Avant que de se couler à leurs places respectives, abritées par de hautes piles de dossiers et de codes volumineux, les *gerbiers* scrutent attentivement, par l'entrebaillement de portes capitonnées, la physionomie du public.

Celui-ci, toujours avide d'émotions fortes, afflue dans l'enceinte plus nombreux que jamais. Il semble attiré là par la secrète espérance de voir *dégringoler* quelqu'un !

Populo se précipite avec la fièvre du *gosse* qui s'en va à guignol assister à l'exécution du *procureur* par la matraque inexorable du terrible Ramponneau.

Populo n'est nullement attristé. S'il se rappelle le peu de souplesse de la trique à Ramponneau, il n'oublie pas non plus la solidité de la tête du magistrat. Il ne l'a jamais vu casser. Il sait, aussi, que de longues suites de générations de mioches continuent à s'esclaffer, comme il le faisait jadis, toujours devant les mêmes prises de bec et de corps du même Ramponneau, de la même matraque et du même procureur à la tête de bois.

Populo se remémore avec joie les délirantes explosions de gaîté que suscitaient les *nions* successivement *encaissés* par chacun des sujets du *matériel* garanti contre toute détérioration.

Il reste hypnotisé par ce souvenir lointain et ne croit pas au mal. Il pense que l'anarchiste au revolver n'est pas un mauvais bougre : il a fait beaucoup de potin, mais il n'a tué personne ! et Populo se dit aussi que les apaches sont loin d'être dépourvus d'intelligence. Ils l'utilisent mal, croit-il, mais il est certain qu'ils en ont et qu'ils excellent admirablement à n'exercer leurs mauvais instincts qu'à l'égard des citoyens qui les gênent.

Ces citoyens, certes, ce ne sont pas les juges ; ce sont les agents de police, et Populo, qui le sait, souhaite sincèrement que sur la voie publique les braves gardiens de la paix ne rencontrent que des pistolets aussi myopes que le tireur du tribunal pour les ceindre *sans danger* des glorieuses volutes de la Renommée.

Jules LELOUP.

Terme de comparaison [1]

Nul n'ignore — et pour cause — que depuis des années, toutes les denrées et matières indispensables à l'alimentation ou l'entretien de l'individu, ainsi que les loyers, voient en France, en général, et à Paris en particulier, leur valeur croître dans des proportions des plus inquiétantes.

Nous assistons même, actuellement, à une recrudescence nouvelle et très accentuée du mouvement ascensionnel de tous les prix déjà très élevés.

Cet état de choses a, naturellement, amené les employés de l'État et des villes à réclamer des augmentations de salaires pour faire face aux exigences fantastiques de l'actualité.

C'est ainsi que nous avons vu, maintes fois, les agents de police de la ville de Paris, demander très respectueusement l'amélioration de leur traitement devenu, en toute évidence, fort précaire. A l'appui de leur juste requête, ces fonction_ naires joignaient en regard des maigres émoluments qui leur sont alloués, l'exposé des dépenses auxquelles un modeste ménage parisien est astreint aujourd'hui.

A nos yeux, la question ne souffrait pas la moindre discussion, tant les chiffres étaient éloquents !..... cependant, l'amélioration — non dérisoire — est encore à venir.

Devant le mutisme administratif persistant, nous nous sommes demandés si nos agents n'étaient pas des maladroits : peut-être ne savaient-ils pas employer économiquement les ressources de leur petit budget ? Et nous avons voulu voir comment dans une grande nation voisine, réputée pratique, procèdent les membres de la même catégorie de fonctionnaires auxquels, dans notre esprit, nous accordions naïvement des moyens d'action tout aussi réduits.

---

(1) Extrait du journal *Paris-Quatorzième*, du 5 juin 1910.

Notre enquête — relative aux simples agents — a été faite sur place, en Allemagne, et voici ce qu'elle nous a révélé.

La police allemande comprend trois classes d'agents : 3e classe, 2e classe, 1re classe.

Ces fonctionnaires sont d'anciens sous-officiers. Les demandes d'admission dans la police peuvent être formulées après six ans de présence sous les drapeaux ; toutefois, une préférence d'admissibilité appartient de droit aux sous-officiers comptant douze années de service.

La 3e classe reçoit 134 marks par mois, soit 1,608 marks par an (2,010 fr.) ;

La 2e classe reçoit 154 marks par mois, soit 1,848 marks par an (2,310 fr.) ;

La 1re classe reçoit 175 marks par mois, soit 2,100 marks par an (2,625 fr.).

Une somme de 80 marks (100 fr.) est allouée en plus à chacune de ces classes comme indemnité d'habillement.

Le service commence à 11 heures du soir. Il est assuré par une succession de trois gardes en roulement par 24 heures : de 11 heures à 6 heures ; de 6 heures à 2 heures ; de 2 heures à 11 heures. Un jour de repos est assuré après trois prises de service et, ainsi réglée, la journée de travail de chaque agent varie entre 7 et 9 heures.

Le congé annuel est de quinze jours. Il se prend de mai à octobre.

Après cinq ans de service dans la police, l'agent a droit à la retraite proportionnelle calculée en tenant compte du service militaire et des années (doubles) de campagne. A partir du total de trente-deux ans, la retraite comporte son chiffre maximum de 125 marks par mois, soit 1,500 marks par an (1,875 fr.).

En cas de décès en service, la veuve touche le tiers des appointements du défunt, et les enfants ont droit à environ 8 marks (10 fr.), chacun par mois jusqu'à l'âge de quinze ans. Mais, le plus généralement, l'administration se charge, pour ces derniers, de les faire élever et instruire.

La veuve d'un retraité perçoit les deux tiers de la pension du mari,

Ce qui précède se rapporte à toute l'Alsace-Lorraine et à une grande partie de l'Allemagne. La Prusse proprement dite et les très grands centres, sont particulièrement avantagés.

Là, les agents débutent tous à 1,400 marks (1,750 fr.) par an et reçoivent, avec l'indemnité d'habillement de 80 marks (100 fr.), une indemnité de logement de 420 marks (525 fr.), soit un total de 1,900 marks (2,375 fr.) jusqu'à concurrence de 2,400 marks (3,000 fr.). Ils ont alors, avec les indemnités 2,900 marks (3,625 fr.).

Dans les grandes villes comme Berlin, Breslau, Magdebourg, Francfort, Hanovre, etc....., où les loyers sont plus élevés qu'ailleurs, l'indemnité de logement est portée de 420 à 520 marks (650 fr.).

Partout il est fait usage du chien policier. C'est généralement le « Dobbermann », variété de chien d'arrêt, qui est employé, ou le « Wolfson », sorte de chien loup au museau pointu.

Partout, aussi, la sollicitude administrative ménage aux unités subalternes de la police impériale, de « petits bénéfices » sous forme de primes, d'indemnité de déplacement ou de parcours, etc., etc. Ainsi, lorsque deux agents accompagnent un prisonnier, ils paient leur propre voyage en chemin de fer au tarif de quatre centimes du kilomètre et l'administration le leur rembourse sur le pied de cinq centimes pour la même distance sans préjudice de l'indemnité de 3 marks (3 fr. 75) par journée de déplacement allouée à chacun d'eux en plus du traitement mensuel ordinaire.

Le montant des amendes infligées pour manquements dans le service est réparti annuellement entre les agents chargés de famille.

L'indemnité de logement dont bénéficient déjà depuis longtemps les polices de Prusse ainsi que celles des très grandes villes, est, depuis quelques semaines, étendue, en principe, à tout le reste de l'Empire. Elle figurera très probablement au projet du prochain budget.

En Allemagne, le service des agents est beaucoup moins pénible qu'en France, l'Allemand a le respect de l'autorité. Les statistiques de la criminalité accusent, aussi, pour l'autre côté du Rhin, un chiffre de crimes ou délits bien inférieur au nôtre. Le « bon juge » est là, d'ailleurs, inconnu — ce qui explique tout très aisément : nombre relativement restreint de malfaiteurs, et disponibilité suffisante de capitaux pour

rétribuer décemment les gardiens de la sécurité publique. —
La police allemande est secondée par une justice qui, sans
trève, poursuit l'épuration de la société sans le moindre souci
d'une recherche de réclame personnelle susceptible de faire
envoyer quelques-uns de ses membres au Reichstag ou de les
diriger rapidement vers des postes enviés. L'esprit de discipline et de devoir de la nation se retrouve là, comme partout
ailleurs sur la terre germanique, pour le plus grand bien des
humbles gardiens de l'ordre et, aussi, du public.

Il nous semble, maintenant, inutile d'expliquer longuement
que les agents allemands n'ont pas du tout recours pour
boucler leur budget aux prodiges d'ingéniosité que nous leur
avions tout d'abord supposée. Leur situation financière, autrement plus belle que celle de nos bons serviteurs, n'exige de
leur personne l'exécution d'aucun miracle, d'autant plus que
la vie est chez eux, aussi bien dans les villes d'Alsace-Lorraine et d'Allemagne que dans celles de Prusse, à meilleur
compte qu'à Paris.

L'ingéniosité qui leur assure l'existence confortable est tout
simplement celle de l'administration intelligente, patriote,
ferme et équitable du Kaiser.

Aussi, nombre d'agents d'Alsace-Lorraine, tous braves sous-
officiers allemands, fortement attachés au pays qui sait les
nourrir, aux juges qui les aident dans leur tâche, aux chefs
qui pensent à eux et assurent le bonheur de leur famille,
m'ont franchement déclaré en m'invitant à le dire bien haut,
qu'ils ne tiendraient nullement à changer leur régime pour le
nôtre.

Jules Leloup.

Un peu d'histoire [1]

La bonne méthode

A l'heure où, en France, la Ligue des Droits de l'homme entend forger les « Droits des assassins », il ne sera peut-être pas inutile de montrer comment un pays qui, loin d'être inféodé au catholicisme, professe bien, plutôt le culte cher à M. de Pressensé (2), est parvenu, en refusant obstinément de reconnaître au crime la moindre prérogative, à diminuer considérablement sur son territoire le nombre des malfaiteurs.

Il s'agit de l'Angleterre.

Pour Albion, cependant, la besogne n'était pas mince. Les Iles Britanniques, on le sait, par la multiplicité prodigieuse de relations qu'elles entretiennent avec toutes les parties du monde, sont le rendez-vous d'une population exotique des plus variées constituant, sinon un véritable foyer d'infection, tout au moins un excellent terrain de culture admirablement approprié à la réception et à la propagation de tous les vices.

Aujourd'hui, que dans l'œuvre épuratrice à laquelle se sont attelés nos voisins d'outre-Manche, le succès est indéniable, nous sommes bien obligés d'accepter que s'ils ont pu éviter l'envahissement qui les menaçait et, par-dessus le marché, réduire l'importance de l'élément gangrenant, ainsi que nous le démontrerons tout à l'heure, ils n'y sont parvenus qu'à force d'énergie et par l'emploi de moyens dont ils ont su dégager les hautes vertus dans le cours de longues années d'expérimentation.

Au dix-huitième siècle, la Justice et la Police anglaises étaient beaucoup trop hétérogènes pour décider d'un pouvoir réellement effectif. Le gachis s'insinuait un peu partout Il n'y avait pas d'unité dans l'action commune contre le crime.

---

(1) Extrait du journal *Paris-Quatorzième*, du 5 juin 1910.
(2) M. de Pressensé est protestant.

Les malfaiteurs évoluant dans une atmosphère troublée, rencontraient trop souvent l'impunité pour omettre d'en escompter journellement le bénéfice. Leur nombre, par suite, était devenu considérable.

Une telle situation exaspérait le législateur qui se montrait d'une impitoyable sévérité. Plus de *cent soixante* cas prévus aux codes entraînaient, vers 1750, la peine de mort. L'on pendait à tout bout de champ, pour le vol d'une oie, d'un shilling, un refus de soumission, et, certainement, par ce régime que cinglait un vent de potence, plus d'un électeur du département du Rhône, auraient été pendus pour ne pas avoir réélu à la dernière consultation nationale, leur ancien « quinze mille ».

L'inefficacité de tribunaux frappant avec une sévérité dépensée sans règles, aveuglément, donnant souvent à faux, irritait la réelle victime de cet état d'incohérence : l'inoffensif citoyen, la proie des pillards, et lui faisait prendre en haine le représentant de l'ordre avec lequel il se trouvait le plus fréquemment en contact, le simple policier de la rue, qui n'en pouvait mais.

C'est alors que certains hommes, tels que sir Henry Fielding et son frère sir John Fielding, tous deux magistrats à Bow-Street, s'émurent de la déplorable situation où juges et policiers s'agitaient en vain désespérément et s'évertuèrent à y amorcer pendant la dernière moitié du xviiie siècle, quelques améliorations.

Mais, il faut arriver jusqu'en 1829 pour voir, avec le bill présenté à la Chambre des Communes par le célèbre Robert Peel, bill promulgué par un acte du Parlement en juin de la même année, la Justice et la Police britanniques entrer dans une ère nouvelle.

Dans les deux services, l'on avait enfin définitivement compris en présence du danger sans cesse grandissant, qu'il fallait absolument marcher de pair. La nécessité avait dessillé les yeux.

Les deux organes furent intimement liés par des principes généraux de combat dont ils ne se départirent jamais depuis. Ils devinrent, en quelque sorte, les deux bras d'un seul et même corps, s'utilisant tous deux dans la même poursuite avec une grande discipline.

Les dénominations et grades actuels furent créés à cette époque, et la force publique de Londres se vit constituer avec un effectif de :

> 17 superintendants,
> 68 inspecteurs,
> 323 sergents,
> 2.906 constables.

soit : 3.314 hommes de tous rangs pour une population qui ne dépassait pas de beaucoup le million.

Les constables recevaient comme solde 19 shillings (23 fr. 75) par semaine, avec l'habillement et des primes nombreuses ; les sergents, 22 shillings (27 fr. 50), et les mêmes agréments. Les inspecteurs étaient appointés à 100 livres (2,500 fr.) et les superintendants à 200 livres (5,000 fr.) par an (1)

Tout d'abord, les malfaiteurs, surpris en pleine cherpille par la nouvelle organisation, imposèrent une besogne considérable aux magistrats. Puis, soudain, l'on constata une diminution de leurs méfaits. Mais, peu après, suivit une recrudescence du mal étrangement accentuée.

Le banditisme, décidément, ne désarmait pas et chaque année apportait un contingent formidable devant les tribunaux.

Notons qu'après l'organisation de la nouvelle armée de l'ordre, les juges s'étaient attachés à apporter dans leurs sentences la plus grande équité, et, qu'un peu plus tard, les peines avaient été légèrement adoucies.

L'on avait même été jusqu'à lancer, en 1838, une loi « humanitaire » : le « Juvenil offenders Act », réglant les pénalités encourues par l'enfance criminelle.

D'ailleurs, la marche dans cette voie avait déjà été envisagée antérieurement. Ainsi, en 1783, la pendaison avait été modifiée. Au lieu de continuer à enlever le patient à l'aide de la corde l'étranglant, il avait été décidé qu'il serait à l'avenir, précipité, paré de son licol, du haut du gibet. La chute amenait la rupture de la colonne vertébrale, déterminait rapidement la mort et abrégeait la durée du supplice. En 1816, l'exposition au pilori avait été abolie, excepté pour le cas de faux

____

(1) A l'époque, ces salaires étaient réputés très élevés.

témoignage. En 1817, l'application du fouet avait cessé d'avoir lieu « en public ». Enfin, en 1867, la persévérance dans ce chemin, amenait une notable réduction dans la déportation.

Ces dates mêmes, ainsi que la nature des édulcorations apportées, témoignent que les lois anglaises ne s'abandonnaient pas à une diligence irréfléchie pour devenir complètement maternelles. Leurs atténuations, encore que relatives, n'étaient que lentement mises à l'épreuve. L'Anglais a toujours·eu le culte du passé. Il sait que *toute pratique consacrée par l'usage, ne l'a été que par besoin*, et il ne consent que difficilement à changer ce qui lui a été utile, parce que l'humanité, à quelque âge on la considère, se révèle toujours être en butte aux mêmes attaques des mêmes ennemis.

L'on pourrait croire que c'est à cette lenteur d'évolution qu'il faut attribuer la persistance de la procession annuelle à grand effectif des malandrins devant les hauts-justiciers.

Il n'en est cependant rien, comme nous allons en juger. La ténacité du vice avait autre part ses racines.

Celles-ci gîtaient précisément dans les bills d'atténuation venus au monde après la réforme de juin 1829. *Un mal avait été inoculé après l'application du remède prescrit par les docteurs légaux.*

Chaque jour amenait la découverte de nombreux abus, la plupart d'extrême gravité, d'autres, comme l'anecdote que nous relatons ci-dessous, simplement burlesques.

En 1853, dans le Wiltshire, un cultivateur était volé d'une paire de souliers. Il avait vu le voleur, l'avait poursuivi, rattrapé, puis remis entre les mains d'un constable qui l'avait conduit à Devizes où il avait été jugé et condamné.

La note du constable, ainsi détaillée d'après les tarifs de l'époque :

Arrestation.. ....£	0. 2.6
Surveillance du prisonnier pendant deux jours.......	0. 3.0
Surveillance du prisonnier pendant une nuit.........	0. 2.6
Conduite à 9 d. le mile et allocation de constable de 8 d. le mile pour 37 miles....................	2.12.5
Trois journées occupées...........................	0.15.0
Location de voiture avec cocher et divers...........	1. 1.2
Se montait à...................................£	4.16.7

soit 120 fr. 70.

Mais, le coupable était un enfant, et le « Juvenil offenders Act » ne permettait de le condamner qu'à un maximum de 40 shillings (50 fr.). Ce fut donc au plaignant qu'échoua le privilège de solder la différence de 2.16. 7 (70 fr. 70).

L'objet du larcin, les souliers, valaient 6 shillings (7 fr. 50). Le cultivateur jura de ne plus faire arrêter personne.

C'était cette aisance de duper les lois par l'emploi de l'enfance pour l'exécution d'actes répréhensibles qui avait ramené les heures de prospérité de la canaille et mettait en échec l'effort constant des juges et de la police par la continuelle préparation de nouvelles générations de filous.

Et ne croyons pas que ce soient là des billevesées d'antan. Il se passe quotidiennement de nos jours, à Paris, des faits semblables. Nous avons vu, récemment, un « bon grand-père ! » ancien larbin de grande maison, qui avait passé sa vie à voler ses maîtres pour jouer aux courses, spéculer, d'une part sur son grand âge, et de l'autre, sur l'indulgence des tribunaux à l'égard de la jeunesse, pour initier ses propres petits-enfants, aux mystères de la fraude. Le triste personnage allait jusqu'à leur faire passer sous leurs vêtements, jupes et houppelande, des litres de pétrole ! au nez et à la barbe des « gabelous » au regard béat (1).

Les services précieux que rendent les lois, dites de pitié, aux misérables, tarés au point de ne reculer devant aucune monstruosité pour la satisfaction de leurs instincts pervers — êtres infâmes qui ont existé et existeront de tout temps — ouvrirent l'esprit des magistrats anglais. Peu à peu, ils se ressaisirent et se tinrent mieux en garde contre les élans généreux de leur cœur.

Ils comprirent, aussi, que l'efficacité de la police réside surtout dans le respect que lui témoigne le public. Ils pensèrent que celui-ci doit rester constamment convaincu qu'elle est bien son réel protecteur et qu'il doit, en retour, être, le cas

----

(1) « *Petrus Pacôme Requin* », un livre grave, bien replet, qui fait innocemment le gros dos à l'étalage de toutes les bonnes librairies, édifiera le lecteur curieux sur les hauts faits de ce spécimen de la pègre domestique qui vivait grassement des troublants métiers de grand-père, de professeur de contrebande, de chasseur d'héritages, de figurant patriarche aux cérémonies de mariage, etc., etc.

échéant, son collaborateur. La police, dans le for du législateur anglais, doit être populaire, et le magistrat sait que tout ce qui tendrait à lui faire perdre de son prestige doit être considéré comme un danger de haute menace.

Le zèle de la Justice britannique, depuis Robert Peel, ne s'est un seul instant ralenti. La Police a été par ce département, toujours tenue à un effectif à la hauteur des besoins. Si, par exemple, en 1830, cet auxiliaire, comme nous l'avons vu, comptait à Londres 3,314 unités, ce chiffre s'élevait, en 1852, à 5,625, puis, en 1864, à 7,113. Ces nombres, très importants pour ces dates relativement lointaines, se sont encore, depuis, largement accrus. Mais, où l'âme de la défense publique en Angleterre, a fait preuve d'une profonde intelligence intuitive c'est dans la conservation aux articles de ses codes de peines imposant « la crainte salutaire », peines autrement plus dures que celles dont nos « bons juges » caressent nos apaches.

Et maintenant, après la présentation en quelques lignes, d'un historique qui mériterait le développement d'un gros livre, considérons le résultat de tant d'années de labeur et de méditation sur la prophylaxie sociale.

Tableau comparatif de la criminalité en Angleterre établi sur les moyennes de chaque décade de 1841 à 1891.

ANNÉES	POPULATION	CRIMES ou DÉLITS	PROPORTION PAR 100,000 HABITANTS
1841	15.914.148	27.760	174,6
1851	17.927.609	27.960	156,2
1861	20.066.224	18.326	91,3
1871	22.712.266	16.269	71,6
1881	25.974.239	14.704	56,6
1891	29.002.525	11.605	40

A l'heure présente, la proportion est encore descendue au-dessous du chiffre de 1891. Elle est de trente criminels par cent mille âmes pour 32 millions d'habitants.

Nos seigneurs et maîtres n'ignorent pas ces arguments éloquents... mais il n'est pire sourd que celui qui ne veut pas entendre.

Jules LELOUP.

CONCLUSION

L'effervescence qui règne actuellement en France dans la police est grandement justifiée.

Nous venons de voir dans les deux derniers chapitres de cette brochure que les situations *morale* et *financière* des agents d'Angleterre et d'Allemagne sont merveilleuses pour quiconque connaît celles des nôtres.

A l'étranger, l'on a compris que le policier, pour exercer avec efficacité et dignité ses délicates fonctions, doit être dégagé des soucis fastidieux imposés au commun des mortels par les nécessités de la vie : *un salaire suffisant doit constamment mettre à l'abri du besoin le fonctionnaire qui doit demeurer inaccessible à la corruption.*

L'Allemagne, surtout, s'est ingéniée à satisfaire à ce desideratum.

Chez nous, les salaires de la police ne répondent plus, depuis longtemps, aux exigences de l'actualité. Nos agents se sont efforcés en maintes occasions de le démontrer.

Aujourd'hui, ils comprennent que l'on feint de ne pas les entendre.

L'élévation de cœur particulière à l'homme humble, ennobli par la discipline, empêche les gardiens de la paix d'abdiquer les hauts sentiments de devoir qui ont toujours animé les forces policières républicaines et auxquels ils sont inébranlablement restés attachés.

Cependant, par la vertu même de cet état d'esprit superbe, ils ne peuvent accepter, pour vivre, d'être acculés aux dettes ou aux expédients.

L'honneur du corps est leur poursuite; un passé tout d'abnégation et de dévouement leur drapeau, le droit leur arme !

S'ils veulent s'unir, c'est pour défendre des principes que la France avait jusqu'alors honorés puisque ces principes subissent la menace d'être désormais foulés aux pieds.

Le syndicat des agents de police sera l'œuvre de ceux qui discréditent la police auprès de l'opinion publique, annihilent ses efforts, affament et écœurent ses vaillantes unités.

Original en couleur

NF Z 43-120-B

www.ingramcontent.com/pod-product-compliance
Ingram Content Group UK Ltd.
Pitfield, Milton Keynes, MK11 3LW, UK
UKHW021141140726
13695UKWH00005B/1920